JN082042

みんなだいすき!
100均
アイテム
活用BOOK
in保育

チャイルド本社

もくじ

Chapter 2

シーン別 100均アイテム活用術

※100円ショップで販売されている200円〜300円の商品も一部使用しています。
※掲載している金額は目安です。
※店舗や季節によって、100均アイテムの仕様や商品名は変わることがあります。
　本書では、商品名ではなく、一般的な名称で紹介しています。

造形作家
いわいざこまゆが教える

保育で大活躍！ 100 均アイテム

案／いわいざこまゆ
イラスト／すぎやまえみこ

100均アイテムはよく買うけれど、いまいち活用できなかったり、いつも同じ物を使ってしまったりしませんか？
この本では、そんなお悩みにお答えすべく、100均アイテムをもっと保育で活用するためのアイデアを
たっぷりご紹介します！

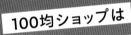

100均ショップは
保育に使えるアイテムの宝庫。
子どもが喜ぶものを
コスパよく作っちゃおう！

目からウロコのアイデア満載！

アイテム別

洗濯ネット

ファスナー付き
大型バッグ

園芸ネット

すのこ

ジョイントマット

有孔ボード

プールスティック

フリーバンド

フェルト

柄入り折り紙

スポンジ

ファスナー付き
ポリ袋

水切りネット

紙 皿

ストロー

スプーン

活用術

おかずカップ

メッシュで
軽い！

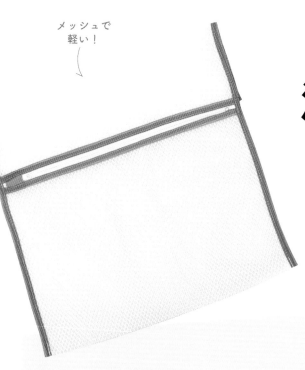

洗濯ネット

いいところ♪

● いろいろな形がある

● サイズ展開が充実している

● 軽くて水に強い

風船キャッチャー

案・製作／尾田芳子

どの年齢の子どももきっと大好き！
フワフワ落ちてくる風船を
大きなお花でキャッチして楽しみます。

🛒100均で買うものメモ

☑ 洗濯ネット　　☑ 風船
☑ ワイヤーハンガー

| その他の 使うもの | カラー工作用紙、 片段ボール、紙筒 |

持ち手は、紙筒の上から
片段ボールを巻いて強度
をアップ！

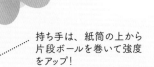

PRICE
1つあたり
合計 ¥200

キャッチ！

作り方

1　ワイヤーハンガーを縦に引っ張る

2　丸く形を整えて、持ち手に紙筒をかぶせる

3　大きめの洗濯ネットのファスナー部分を切り取り、ワイヤーの縁にかける

4　持ち手に片段ボールを巻き、洗濯ネットはビニールテープで留める

5　カラー工作用紙で花びらを作り、貼る

フェルト

ねこ

描く

洗濯ネットに
細く切った紙や
丸めた紙を入れる

りんご

ねこボールと
りんごボール

案・製作／尾田芳子

当たっても痛くないので安心。
鈴を一緒に入れても楽しい！

リン♪

🛒100均で買うものメモ

☑ 洗濯ネット
☑ フェルト　☑ 鈴

その他の
使うもの　　紙

アミアミボール運び

案・製作／尾田芳子

洗濯ネットをつなぎ合わせて筒状に。
2人で持って、手で振りながら
ボールを移動させて遊びます。

🛒100均で買うものメモ

☑ 洗濯ネット

その他の
使うもの　　毛糸、ゴムひも

切った両端の網目に
毛糸を絡めて補強。

それっ！

いくよ〜！

作り方
1 洗濯ネットの両端を
　切り取る（3枚用意する）
2 網目に毛糸を
　通してつなぐ
3 網目に細めのゴムひもを通す
（3か所）
4 網目に
　カラフルな
　毛糸を通す（両端）

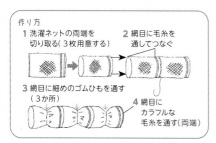

ファスナーが
付いてる！

マチがあって
大きい！

<〈 item 2 〉>

ファスナー付き
大型バッグ

いいところ♪

- たっぷり収納できる
- ファスナー付きでふたが閉まる
- 軽くて水に強い
- 色や柄が豊富

ビッグサイズの
廃材収納バッグ

案・製作／町田里美

マチが広いので、かさばる牛乳パックや
ペットボトルも余裕！

🛒 100均で買うものメモ

- ☑ ファスナー付き大型バッグ
- ☑ クリアファイル

その他の使うもの	ビニールテープ、カラー工作用紙

カラー工作用紙

切り取って、切り口を
ビニールテープで包む

〈おねがい〉
☆牛乳パックを
集めています。
ご協力を
お願いします。
もえぐみ

お知らせの用紙

クリアファイルを
ビニールテープで貼る

カラー工作用紙

はい
どうぞ♪

PRICE 1つあたり
合計 ¥220

バッグテレビ

バッグの下からかぶって顔が出せます。
その日のニュースを発表しても楽しい！

案・製作／町田里美

\なわとびが10回跳べたよ/

🛒 100均で買うものメモ

☑ ファスナー付き大型バッグ

その他の使うもの　ビニールテープ、丸シール

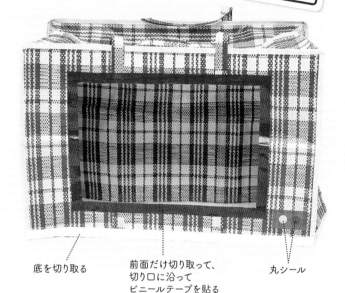

底を切り取る

前面だけ切り取って、切り口に沿ってビニールテープを貼る

丸シール

水濡れOKエプロン

案・製作／尾田芳子

バッグを切って開くだけで、
防水タイプのエプロンが完成！

持ち手を切って、面ファスナーで留める

🛒 100均で買うものメモ

☑ ファスナー付き大型バッグ

その他の使うもの　面ファスナー、ビニールテープ

図のように切る

絵の具を使う活動にもぴったり！

ビニールテープで模様を貼る

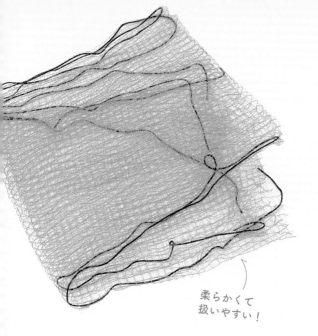

柔らかくて
扱いやすい!

園芸ネット

いいところ♪

● 適度な張りがあり、扱いやすい

● 色や目の粗さのバリエーションが豊富

● 形を変えやすい

トンネル

案・製作／いわいざこまゆ

保育者がホースを持ってトンネルの形を整えます。
はいはいが大好きな低年齢児に大人気です

🛒100均で買うものメモ

☑ 園芸ネット ☑ 造花

その他の
使うもの | スズランテープ、
ホース

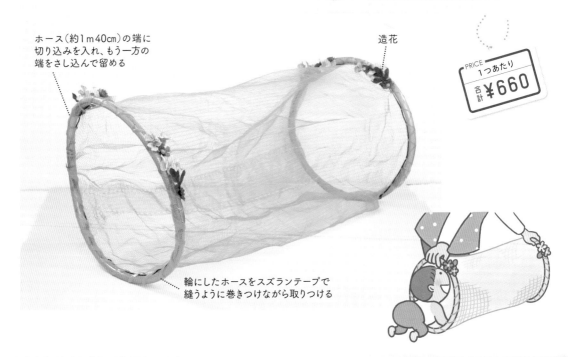

ホース(約1m40cm)の端に
切り込みを入れ、もう一方の
端をさし込んで留める

造花

PRICE
1つあたり
合計 ¥660

輪にしたホースをスズランテープで
縫うように巻きつけながら取りつける

写真掲示ネット

案・製作／メイプル

子どもたちの様子を写真で紹介。
ピンチで挟むだけなので簡単です。

🛒 100均で買うものメモ

- ☑ 園芸ネット ☑ フック ☑ 造花
- ☑ フェイクグリーン ☑ 木製ピンチ

| その他の使うもの | 画用紙、子どもの写真、小瓶、ひも、付箋、枝 |

\造花や枝を飾っても素敵♪/

PRICE
1つあたり
合計 ¥580

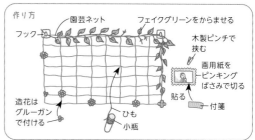

作り方

フック
園芸ネット
フェイクグリーンをからませる
木製ピンチで挟む
画用紙をピンキングばさみで切る
貼る
付箋
造花はグルーガンで付ける
ひも
小瓶

キラキラ！天井飾り

案・製作／いわいざこまゆ

日がさすと、透明折り紙が透けて
光ってきれいです。四隅にひもを付け、
フックなどに結んで設置しましょう。

きれい♪

園芸ネットをつるす

透明折り紙を切ってセロハンテープで貼る

🛒 100均で買うものメモ

- ☑ 園芸ネット ☑ 透明折り紙

PRICE
1つあたり
合計 ¥220

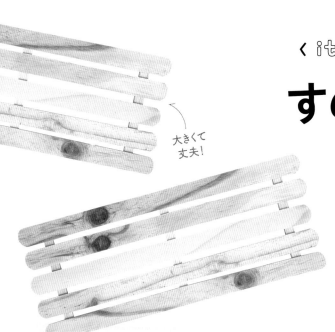

大きくて
丈夫!

すのこ

いいところ♪

- ＤＩＹの素材としても人気
- 通気性がよい
- 組み合わせてアレンジできる

絵本ラック

案・製作／尾田芳子

絵本をディスプレイできるラックです。
おすすめの絵本を置きましょう。

綿ロープで椅子などに
結びつけます。

画用紙

おすすめの ほん

どんぐり とんほろりん

マスキング
テープ

ヘアゴム

角材を貼り、
端に割り箸を
貼って、
滑り止めに

すのこを
2枚並べて
貼り合わせる

🛒 100均で買うものメモ

☑ すのこ   ☑ ヘアゴム
☑ マスキングテープ   ☑ 角材

その他の
使うもの | 割り箸、画用紙、綿ロープ

PRICE
1つあたり
合計 ¥330

この絵本
好き!

キッチンラック

案・製作／いわいざこまゆ

ままごと用のキッチングッズが
使いやすく収納できます。

🛒 100均で買うものメモ

- ☑ すのこ   ☑ プラ段シート
- ☑ プラスチックバット
- ☑ 油はねガード

その他の
使うもの
牛乳パック、
アルミホイル、
綿ロープ、包装紙

PRICE 1つあたり
合計 ¥1,430

プラ段シートを切り抜いて、
プラスチックバットをはめ込む

アルミシート

牛乳パックを
包装紙で包み、
柱にして補強する

油はねガード

アルミホイル

綿ロープ

すのこを7枚貼り合わせて
枠組みを作る

本物
みたい！

パーティション

案・製作／いわいざこまゆ

「ここで○○ね」「あっちで△△ね」と
仕切りたいときに便利です。

🛒 100均で買うものメモ

- ☑ すのこ

その他の
使うもの
カラー布クラフト
テープ

PRICE 1つあたり
合計 ¥770

すのこを2枚
貼り合わせたものを3組作る

貼り合わせたすのこを
カラー布クラフトテープでつなぐ

好みの色を塗る

こっちで
ねんねしようね〜

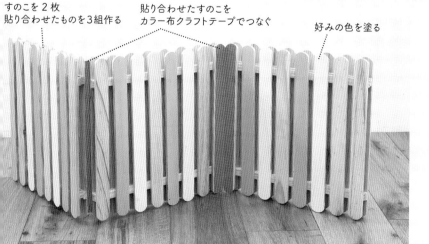

ジョイントマット

柔らかい
素材

いいところ♪

- 両面使えてお得
- 組み合わせて大きくできる
- 組み合わせて立体にもなる

道路マット

案・製作／宮地明子

スペースに合わせてつなげるだけで道路が出現！
設置がラクラクで、コンパクトに収納できます。

100均で買うものメモ

- ☑ ジョイントマット
- ☑ カラー布クラフトテープ

ブーン！

PRICE
1つあたり
合計 ¥60

冷蔵庫&コンロ

案・製作／宮地明子

立体的に組み合わせて、
冷蔵庫&コンロに。
冷蔵庫はドアの開け閉めもできる!

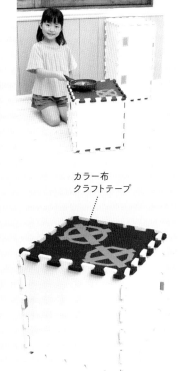

四角く組み合わせる

🛒 100均で買うものメモ

- ☑ ジョイントマット
- ☑ カラー布クラフトテープ

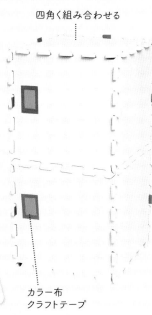

カラー布
クラフトテープ

PRICE
セットで
合計 ¥950

カラー布
クラフトテープ

四角く
組み合わせる

ジャンボさいころ

案・製作／宮地明子

立体的に組み合わせてさいころに!
色を組み合わせても楽しい!

🛒 100均で買うものメモ

- ☑ ジョイントマット
- ☑ カラー布クラフトテープ

PRICE
1つあたり
合計 ¥350

カラー
布クラフトテープ

遊び例

さいころの面の色に合わせて、床に白・ピンク・黒の
円をビニールテープで作ります。さいころを投げ、出た
目の色の円に集まります。(まずどの色が出るか予想し、
移動してからさいころを投げて、当たり外れを確かめるとし
ても楽しいです。)

すごろくも
楽しめる!

有孔ボード

この穴が
イイ!

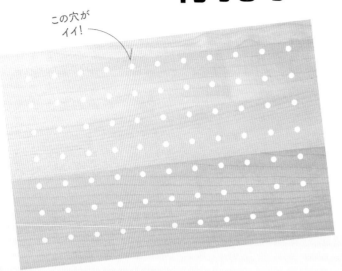

いいところ♪

- 元から穴が開いている
- 穴の位置が等間隔
- 両面使用できる

コロコロ ボールボード

案・製作／いわいざこまゆ

ボードを動かして、玉をスタートから
ゴールまで転がします。リボンのルートは、
簡単にコース変更可能!

🛒 **100均で買うものメモ**

☑ 有孔ボード　☑ 木ダボ　☑ リボン
☑ OPPテープ　☑ ピンポン玉

**その他の
使うもの**　画用紙、工作用紙

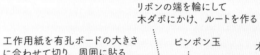

リボンの端を輪にして
木ダボにかけ、ルートを作る

工作用紙を有孔ボードの大きさ
に合わせて切り、周囲に貼る

ピンポン玉

木ダボをさす

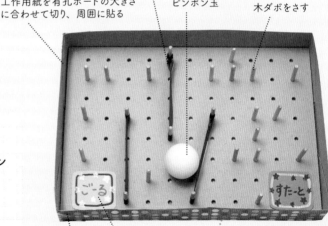

ごーる

すたーと

画用紙に
描いて貼る

側面に
OPPテープを貼る

PRICE
1つあたり
合計 ¥550

コロコロ〜

引っ張れボード

案・製作／いわいざこまゆ

引っ張るとどこかが引っ込みます。
お座りができるようになった子にぴったり!

🛒100均で買うものメモ

☑ 有孔ボード　☑ 椅子の脚カバー
☑ お風呂用のおもちゃ

その他の使うもの ペットボトルの蓋、綿、毛糸、綿ロープなどのひも

椅子の脚カバーに綿を入れ、
毛糸で作った髪の毛を貼る

ペットボトルの蓋に穴を開けて
ひもを通し、もう1つの蓋を重ねて
接着剤で留める

おもちゃにひもを結びつけたら
穴に通し、別の穴から端を出して、
もう1つのおもちゃを結びつける

裏側

※角はクッション材などで
保護しましょう。

PRICE
1つあたり
合計 ¥660

お風呂用の
おもちゃ

押して押してボード

案・製作／町田里美

2人で10〜15秒間ピンを
押し合います。
出ているピンが少ない方が勝ち!

🛒100均で買うものメモ

☑ 有孔ボード　☑ ストロー
☑ ボンテン

その他の使うもの 牛乳パック、
カラー布クラフトテープ、
油粘土、新聞紙

ストローにボンテンを
接着剤で貼る

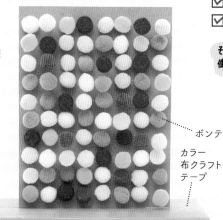

ボンテン

カラー
布クラフト
テープ

PRICE
1つあたり
合計 ¥880

穴は、千枚通しで
少し大きくしておく

牛乳パック2個に油粘土と畳んだ新聞紙を入れ、
有孔ボードを挟む

それっ!

弾力が
ある

<item 7>

プールスティック

いいところ♪

- 水に浮く
- 長くてしなやか
- 穴が開いていて切りやすい
- 色が豊富

スイーツ
バラエティー

案・製作／山下味希恵

プールスティックを輪切りにして、
飾りを付けたら、スイーツに変身！

🛒 100均で買うものメモ

☑ プールスティック

その他の
使うもの ボンテン、毛糸、ストロー、お花紙、
スパンコール、マスキングテープ

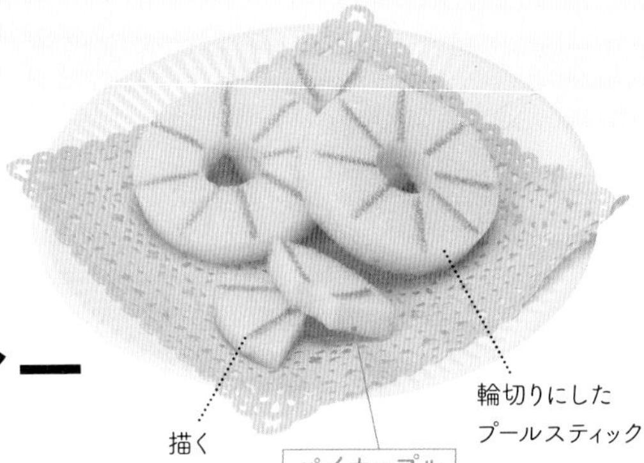

描く

パイナップル

輪切りにした
プールスティック

PRICE
セットで
合計 ¥30

ドーナツ

毛糸

プールスティック

ボンテン

描く

PRICE
セットで
合計 ¥50

PRICE
1つあたり
合計 ¥50

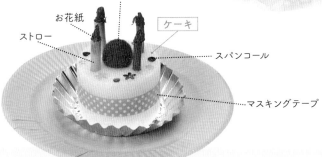

ボンテン

お花紙

ストロー

ケーキ

スパンコール

マスキングテープ

20

トンネル積み木

案・製作／山下味希恵

ユニークな形の積み木が簡単にできる！

🛒 **100均で買うものメモ**

☑ プールスティック

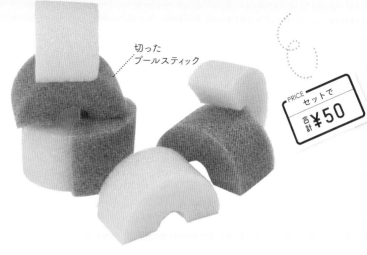

切った
プールスティック

PRICE
セットで
合計 **¥50**

つまようじ

切り取る

スズランテープ

プールスティックを
半分に切る

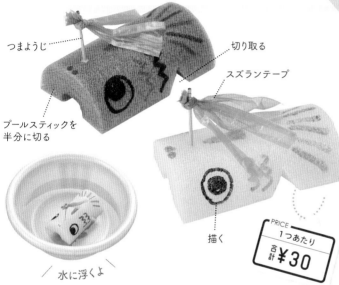

／ 水に浮くよ ＼

描く

PRICE
1つあたり
合計 **¥30**

プカプカお魚号

案・製作／山下味希恵

水に浮かぶお魚が作れちゃう！

🛒 **100均で買うものメモ**

☑ プールスティック

その他の
使うもの
つまようじ、
スズランテープ

入退場門

案・製作／いわいざこまゆ

プールスティックのしなやかさを生かした入退場門。

🛒 **100均で買うものメモ**

☑ プールスティック

その他の
使うもの
カラーポリ袋

PRICE
1つあたり
合計 **¥350**

プールスティック

カラーポリ袋

読者と造形作家の
100均 活用アイデア & 100均 愛

保育者のみなさんの声や100均アイテムに精通する
造形作家のアイデアをご紹介します!

100均は
保育素材の宝庫!

（同意見多数）

100均だから
チャレンジしやすい

今まで手が出なかった物も、100均だと
そろえやすいし、使ったことのない素材
にも挑戦しやすいですね。

（いわいざこまゆ）

こまめにチェック

100円ショップには、新商品がどんどん入っ
てくるし、季節の限定商品もあるので、こま
めなチェックが欠かせません。

（北海道／Sさん）

壁面パーツの整理に
クリアファイル

透明のポケットがノート状に入っているクリア
ファイルを愛用しています。作成中の壁面飾
りをパーツごとに保管したり、使いかけの色
画用紙を色別にしまったりしています。

（岩手県／○さん）

本物を手軽に
使えるキッチン用品

なべ・ボウル・おたま・プラスチック皿などのキッ
チン用品は、おままごとや砂場遊びにぴったり!

（千葉県／Iさん）

マスキングテープを遊びにも事務仕事にも

マスキングテープを床に貼って線路やすごろくのマスを作るときにも活用しています。マスキングテープは、遊び終わったらすぐにはがせるのもポイント！

（茨城県／Yさん）

丸シールの活用法

製作のときに模様にしたり、シール遊びに使ったり、グループ分けの目印に使っています。けっこう使えるのが黒。動物の目や鼻にします。わたしの住んでいる地域ではあまり売っていないので、見つけたら即買いです！

（福井県／Sさん）

マスキングテープを書類ファイルの背に貼って、目印に活用しています。

（京都府／Kさん）

お店屋さんで活躍！製菓用カップ

いろいろなタイプの製菓用カップに、綿・毛糸・お花紙・紙粘土などを詰めてケーキやマフィンに。お店屋さんごっこにもぴったり！

（いわいざこまゆ）

靴下のパペット

オーソドックスな柄の靴下は、パペットに最適！フェルトで耳や目、口などを付けるだけで、簡単にパペットになります。グレー系ならネズミに、ブラウン系ならクマなどに変身！

（神奈川県／Mさん）

どんどん増えるシールのコレクション

100円ショップのシール売り場の充実ぶりはすごい！新しい物を見つけるとついつい購入。お誕生日カードに貼るシールを子どもたちに選んでもらっています。

（愛知県／Eさん）

種類が
たくさん！

フリーバンド

いいところ♪

- ゴムなので伸びる
- 面ファスナーで付け外しできる
- 色や模様、サイズもいろいろ

フリーバンド

マスキング
テープ

変身ベルト

案・製作／いわいざこまゆ

フリーバンドを使えば、
ベルトの着脱もラクラク！

🛒 **100均で買うものメモ**

☑ フリーバンド

その他の
使うもの　工作用紙、キラキラした折り紙、
キラキラしたテープ、マスキングテープ

PRICE
1つあたり
合計 **¥150**

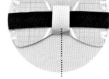

輪にした工作用紙に
フリーバンドを通す

フリーバンド

キラキラした
テープ

工作用紙

キラキラした折り紙

お散歩ポーチ（スリング）

案・製作／いわいざこまゆ

ハンカチとフリーバンドで小さなポーチに！
人形用のスリングにも♪

🛒 100均で買うものメモ

☑ フリーバンド
☑ カラーゴム
☑ ハンカチ

カラーゴム

フリーバンド

ハンカチ

ねんね
しようね

PRICE
1つあたり
合計 ¥230

エプロン＆スカート

案・製作／いわいざこまゆ

ごっこ遊びにぴったり！

二つ折りにして留め、
フリーバンドを通す

PRICE
1つあたり
合計 ¥180

手ぬぐい

わ〜い！

🛒 100均で買うものメモ

☑ フリーバンド
☑ 手ぬぐい
☑ 風呂敷

PRICE
1つあたり
合計 ¥180

風呂敷を巻いて
留める

フリーバンド

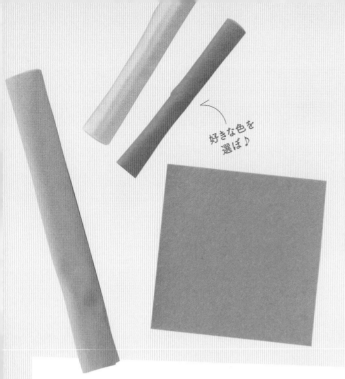

好きな色を選ぼ♪

フェルト

いいところ♪

- 色やサイズ展開が豊富
- 切り口がほつれにくい
- 洗える物やシールタイプ、ハードタイプなど、さまざまな種類がある

ぬいぐるみ片づけポケット

案・製作／いわいざこまゆ

大きなサイズのフェルトで作るポケット。突っ張り棒などに通してつり下げ収納に。

🛒 100均で買うものメモ

☑ 大きなサイズのフェルト

その他の使うもの	布テープ

PRICE
セットで
合計 ¥330

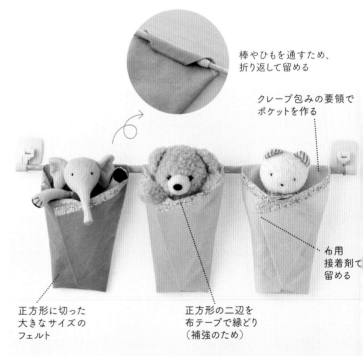

棒やひもを通すため、折り返して留める

クレープ包みの要領でポケットを作る

正方形に切った大きなサイズのフェルト

正方形の二辺を布テープで縁どり（補強のため）

布用接着剤で留める

サンドイッチ

案・製作／いわいざこまゆ

レタス、チーズ、ハム、トマトなどの具を
選んで、パンにはさもう!

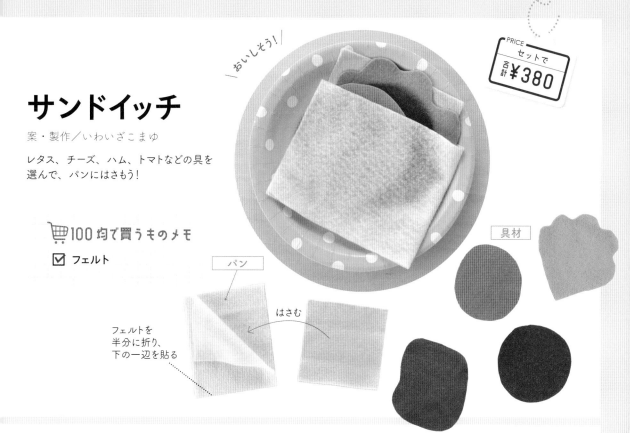

おいしそう!

PRICE
セットで
合計 ¥380

🛒 100均で買うものメモ

☑ フェルト

パン

具材

はさむ

フェルトを
半分に折り、
下の一辺を貼る

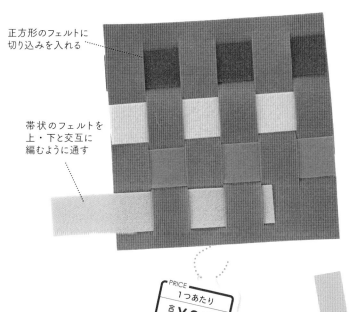

正方形のフェルトに
切り込みを入れる

帯状のフェルトを
上・下と交互に
編むように通す

ハードタイプで作る
格子編み

案・製作／いわいざこまゆ

生地がしっかりしているハードタイプなので、
繰り返し楽しめる!

🛒 100均で買うものメモ

☑ ハードタイプのフェルト

PRICE
1つあたり
合計 ¥330

選ぶのが
楽しい!

柄入り折り紙

いいところ♪

- 枚数が多い
- 種類が豊富
- 色・柄・サイズの
  バリエーションが豊富

小物のあしらいに

案・製作／いわいざこまゆ

重ね使いで高級感を演出。
春は花柄メインで、
夏は海モチーフなど、季節に合わせても。

🛒 **100均で買うものメモ**

☑ 柄入り折り紙　☑ 折り紙

そのまま使っても
かわいい!

柄を季節に
合わせてもすてき!

PRICE
1つあたり
合計 ¥5

ランチョンマット

案・製作／いわいざこまゆ

普段の給食やおやつも、
ランチョンマットを敷くとちょっと特別感が♪

柄入り折り紙を
組み合わせる

クラフトパンチで
抜いた画用紙

🛒100均で買うものメモ

☑ 柄入り折り紙

その他の
使うもの　画用紙

窓飾り&壁面

案・製作／いわいざこまゆ

春の窓辺にピッタリな水彩画タッチの
柄入り折り紙をチョイス。

🛒100均で買うものメモ

☑ 柄入り折り紙　☑ 折り紙

市松模様に貼るだけで、すてきな壁面飾りに。
同系色の単色折り紙を交ぜてアクセントにしても◎。

スポンジ

集めると
さらにかわいい

- パステルカラーから
  ビビットカラーまで、
  色展開が豊富
- 素材やサイズがいろいろ
- 柔らかい

カラフルケーキ

案・製作／いわいざこまゆ

ままごとやお店屋さんごっこ用に、
子どもたちと一緒に作っても楽しいです。

🛒 100均で買うものメモ

☑ スポンジ　　☑ ボンテン

スポンジ

ボンテンを貼る

PRICE
セットで
合計 ¥450

おままごとに
ぴったり！

30

簡単パペット

案・製作／いわいざこまゆ

ムニムニした動きがかわいい
パペットに！

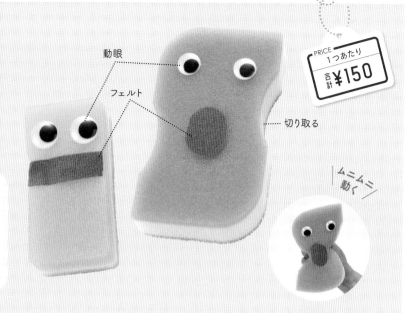

動眼

フェルト

切り取る

ムニムニ
動く

🛒 100均で買うものメモ

☑ スポンジ

その他の
使うもの 動眼、フェルト

魚釣りごっこ

案・製作／いわいざこまゆ

たくさん作ってみんなで魚釣り！

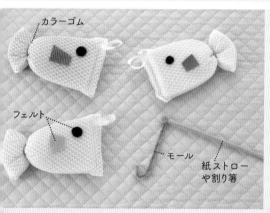

カラーゴム

フェルト

モール

紙ストロー
や割り箸

🛒 100均で買うものメモ

☑ ネットタイプのスポンジ

その他の
使うもの フェルト、モール、割り箸、
紙ストロー、カラーゴム

ループにモールを
引っかけて捕まえます

〈 item12 〉

ファスナー付きポリ袋

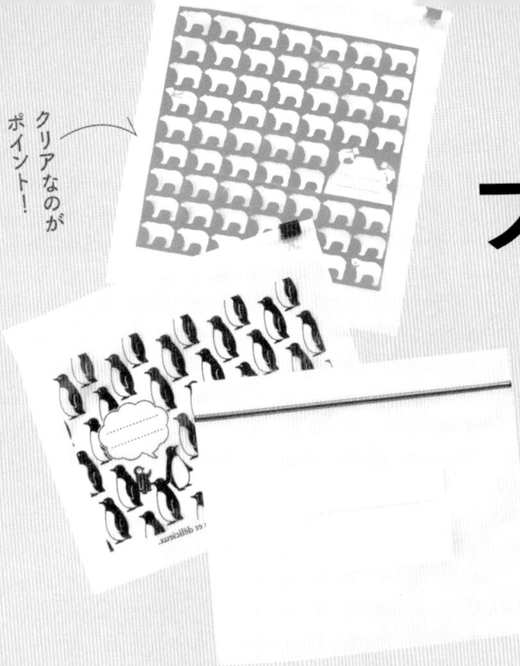
クリアなのがポイント!

いいところ♪

- サイズが豊富
- 無地や柄入りなど
バリエーションが豊富
- 中身が見える

いろいろバッグ

案・製作/いわいざこまゆ

サイズごとに用途が変えられる!

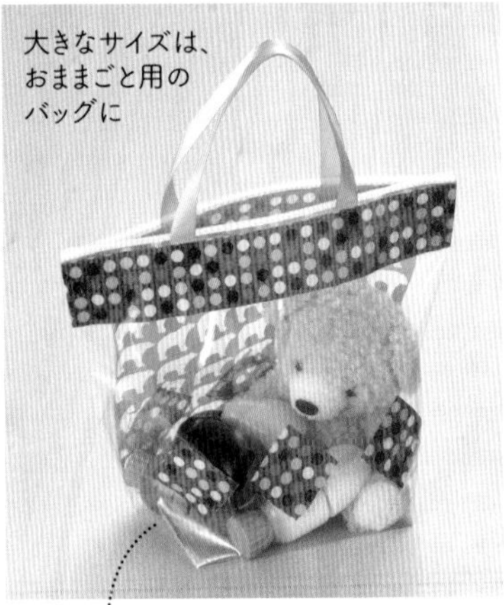
大きなサイズは、
おままごと用の
バッグに

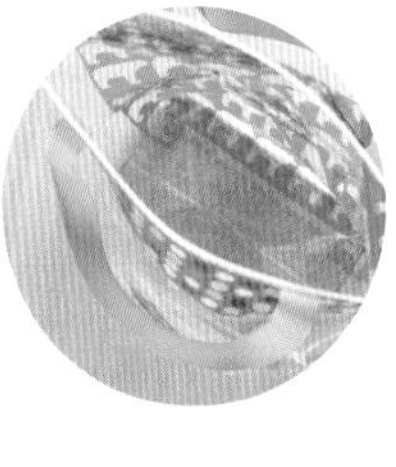

両端の角を三角に折り、ビニールテープで留め、マチにする

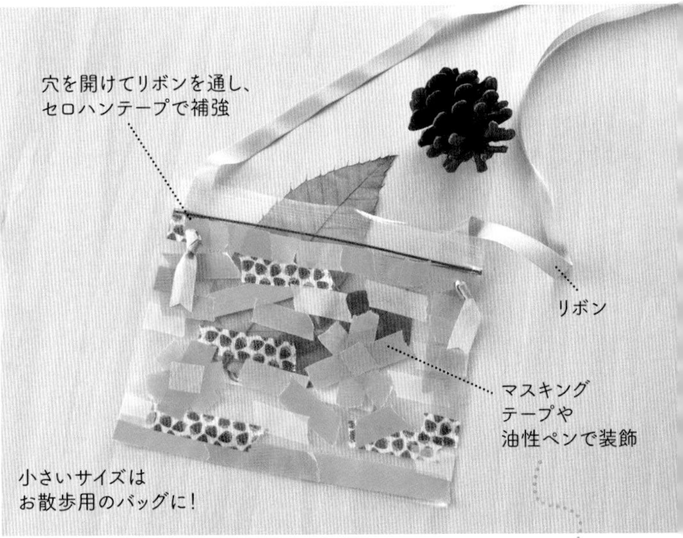
穴を開けてリボンを通し、
セロハンテープで補強
リボン
マスキング
テープや
油性ペンで装飾
小さいサイズは
お散歩用のバッグに!

100均で買うものメモ

☑ ファスナー付きポリ袋

PRICE 1つあたり 合計 ¥50

その他の使うもの: リボン、マスキングテープ、ビニールテープ

製作物入れ

案・製作／いわいざこまゆ

作りかけの製作物を個別に入れる収納
におすすめ。グループごとにリングを付
けてまとめると探す手間もはぶけます。

🛒 100均で買うものメモ

☑ ファスナー付きポリ袋

その他の
使うもの　リング、
ビニールテープ

PRICE
1つあたり
合計 ¥120

リングの穴が裂けないよう、
ビニールテープで補強

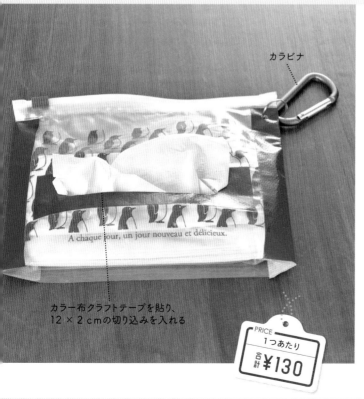

カラビナ

カラー布クラフトテープを貼り、
12×2cmの切り込みを入れる

PRICE
1つあたり
合計 ¥130

小分け用
ティッシュケース

案・製作／いわいざこまゆ

カラビナを付ければ、持ち運びも便利です。

🛒 100均で買うものメモ

☑ ファスナー付きポリ袋
☑ カラビナ

その他の
使うもの　カラー布クラフト
テープ

2枚貼り合わせ
て作り、裏面は
ゴミ入れに

< item13 >

水切りネット

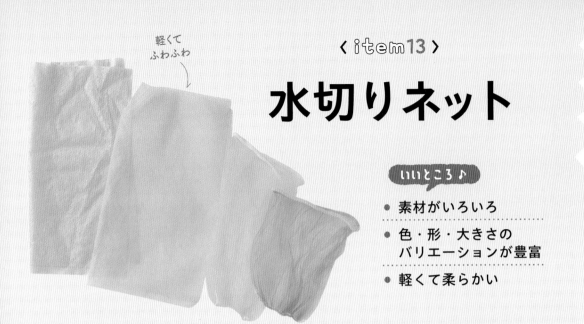

軽くて
ふわふわ

いいところ♪

- 素材がいろいろ
- 色・形・大きさの
  バリエーションが豊富
- 軽くて柔らかい

ぷっくり
カラフルフルーツ

案・製作／いわいざこまゆ

ままごとやお店屋さんごっこにぴったり!

🛒 **100均で買うものメモ**

☑ 水切りネット　☑ お花紙

その他の
使うもの　画用紙

画用紙

ストッキングタイプの
水切りネットに
お花紙を詰める

おいし
そう!

PRICE
1つあたり
合計 ¥10

簡単ミニ観察箱

案・製作／いわいざこまゆ

園庭で見つけた虫たちの観察用におすすめ。

🛒 **100均で買うものメモ**

☑ 水切りネット

その他の使うもの
500mLの紙パック、
カラー布クラフトテープ、
マスキングテープ、
ダブルクリップ

PRICE
1つあたり
合計 **¥50**

紙パック

切り取って
水切りネットを貼る

マスキング
テープ

ダブル
クリップ

カラー布クラフトテープ

※簡易タイプなので飼育には適していません。

リボン&蝶ネクタイ

案・製作／いわいざこまゆ

チュール代わりに使えば、
コスチュームに使えるリボンに!

🛒 **100均で買うものメモ**

☑ 水切りネット

その他の使うもの
リボン、ひも

網タイプの
水切りネット

リボン

PRICE
1つあたり
合計 **¥10**

不織布タイプの
水切りネット

リボン

ストッキングタイプの
水切りネット

作り方

ストッキングタイプ

➡ 半分に折る

➡ ひもで縛る
2枚用意する

➡ 広げて形を整える

カチューシャに
付けても
かわいい!

読者と造形作家の
100均 活用アイデア
& 100均 愛

保育者のみなさんの声や100均アイテムに精通する
造形作家のアイデアをご紹介します!

意外な使い方が楽しい!

アルミシートのコスチュームや水切りネットのリボンなど、本来の使い方にはこだわらずにチャレンジしてみましょう。
（いわいざこまゆ）

クッキーだけじゃない!
型抜きの使い道

動物などのかわいい抜き型は、スタンプや粘土、砂遊びでも大活躍!
（東京都／Uさん）

洗濯ばさみで…

洗濯ばさみは、遊びにも書類の整理にも活用できます。たくさんつなげて遊んだり、配布するおたよりをはさんで目印にしたりしても◎。
（東京都／Fさん）

ダイカットの
メモ帳の活用法

物の形そのものの、ダイカットタイプのメモ帳。1枚ずつリボンでつなげば、あっという間にガーランドに!

ケーキ型のダイカットのメモ帳を台紙に貼ってメッセージを書けば、バースデーカードの完成です。
（おおしだいちこ）

カチューシャの変身グッズ

カチューシャに耳を付けるだけでウサギやネコに変身！ 王冠やティアラも作れます。ゴムよりも締めつけ感が少ないのか、子どもたちにも好評です。

（長野県／Ｈさん）

サイズ展開豊富なカゴ！

100均のカゴは収納の必需品。子どもの製作コーナーなどで、素材別にカゴを分けて収納しています。

（埼玉県／Ｎさん）

休日は100均パトロール！

収納グッズならＡ店、オシャレな雑貨ならＢ店、季節の商品が豊富なＣ店など、店舗によって品揃えに特色があるので、休日は複数の店舗をパトロールしています。

（福岡県／Ｔさん）

100均アイテムなら失敗しても壊れても笑顔でいられます(笑)

（同意見多数）

ジッパー付きクリアポーチで整理

パネルシアターやペープサートの絵人形を、作品ごとにジッパー付きのクリアポーチやビニールケースに入れています。絵人形が見えるのでどの作品かわかりやすいし、きれいに保管できます。

（兵庫県／Ｗさん）

紙皿

いいところ♪

選ぶのが
楽しい！

- 枚数が多い
- 色や形、大きさの種類が豊富
- 簡単に切ったり貼ったりできる

🛒 **100均で買うものメモ**

☑ 紙皿

その他の 使うもの	画用紙、折り紙

PRICE
1つあたり
合計 ¥30

柵入りなら、見た目の
かわいさもプラス！

おきら

子どもの作品
飾りプレート

案・製作／いわいざこまゆ

色つきの紙皿に、子どもたちの
作品を貼るだけで、おしゃれ
な飾りプレートに。

画用紙

わかな

紙皿

はる

子どもの作品

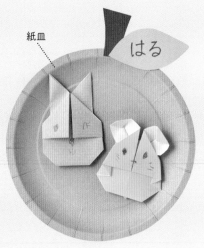

折り紙など、毎月の製作用
に作っておくと、貼り替えで
きて便利です。

100

虫眼鏡

案・製作／いわいざこまゆ

観察するときや、散策にぴったり！

🛒 100 均で買うものメモ

☑ 紙皿 ☑ リボン

| その他の使うもの | 紙筒、マスキングテープ |

小さめの紙皿

マスキングテープ

切り取る

紙筒

リボン

発見！

PRICE
1つあたり
合計 ¥30

ビッグ
キラキラメダル

案・製作／いわいざこまゆ

紙皿にアルミホイルを巻くだけ！　手間をかけずにビッグなメダルが作れます。

リボン

紙皿2枚でリボンを挟んで貼る

🛒 100 均で買うものメモ

☑ 紙皿 ☑ リボン

| その他の使うもの | アルミホイル、画用紙、折り紙 |

アルミホイルを貼る

PRICE
1つあたり
合計 ¥60

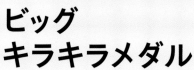

折り紙

画用紙

太さも
いろいろ

ストロー

いいところ♪

- 紙やプラスチックなどの
  素材がある
- 色や柄が豊富
- 数が多い

画用紙とストローのお花

案・製作／いわいざこまゆ

葉と茎を1本の紙ストローで作ります。
裏に写真や手紙を貼ってプレゼントしても。

🛒 100均で買うものメモ

☑ 紙ストロー

その他の 使うもの	画用紙、 丸シール

作り方

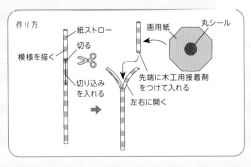

模様を描く　紙ストロー　切る　✂
切り込み
を入れる
➡
左右に開く

画用紙　丸シール
先端に木工用接着剤
をつけて入れる

PRICE
1つあたり
合計 ¥10

白い紙ストローは、
ペンで模様を描いても◎

40

ひも通しつり飾り

案・製作／いわいざこまゆ

丸シール

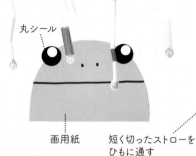

画用紙

短く切ったストローを
ひもに通す

大粒のビーズ

太さの違うストローをカットしてひも通し。
交互に飾り、壁にカエルを貼れば、雨の
季節にピッタリな飾りに。

一番下には、
クリアな大粒のビーズ。

🛒 100均で買うものメモ

☑ ストロー

その他の
使うもの　ひも、大粒ビーズ、
　　　　　画用紙、丸シール

たくさん
作るよ！

ストローをカットするところから、
子どもと一緒に。空き箱などを用
意して、中に向かって切ると飛び
散りません。

スプーン

いいところ♪

- 木製やプラスチックなどの素材がある
- 色や柄が豊富
- 数が多い

どの家庭にもありそう！

スプーン虫

案・製作／いわいざこまゆ

丸シールで目を作ったり、モールを巻きつけて足を作ったり。いろんな虫が作れます。

🛒 100均で買うものメモ

- ☑ スプーン

その他の使うもの	画用紙、丸シール、モール

丸シール

画用紙

スプーン

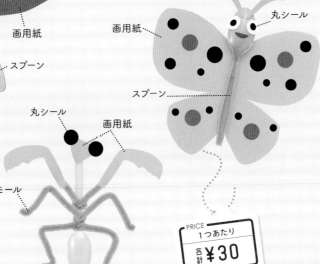

画用紙

丸シール

スプーン

丸シール

画用紙

モール

スプーン

PRICE
1つあたり
合計 **¥30**

スプーン

丸シール

モール

画用紙に描く

簡単スプーン人形

案・製作／いわいざこまゆ

スプーンの丸い部分を顔に見立てて人形を作ります。シアターやごっこ遊びでも大活躍！

🛒 **100均で買うものメモ**

☑ 木製のスプーン

その他の使うもの： フェルト、布、モール、マスキングテープ

PRICE
1つあたり
合計 ¥30

スプーン

フェルト

描く

モール

マスキングテープ

布

マイク・スティック・ミニうちわ

案・製作／いわいざこまゆ

スプーンを持ち手にして、ゆかいなアイテムを作っちゃおう！

🛒 **100均で買うものメモ**

☑ スプーン

その他の使うもの： アルミホイル、リボン、画用紙、マスキングテープ、工作用紙、キラキラした折り紙、千代紙

マイク

スプーン2本をアルミホイルで巻く

リボン

マスキングテープ

PRICE
1つあたり
合計 ¥30

スティック

画用紙

キラキラした折り紙

穴を開け、スプーンを通す

PRICE
1つあたり
合計 ¥30

ミニうちわ

千代紙を貼った工作用紙

2本のスプーンで挟んで留める

PRICE
1つあたり
合計 ¥50

わくわく！

<＜ item17 ＞

おかずカップ

いいところ♪

- 色や柄、サイズなどの
  バリエーションが豊富
- 枚数が多い

たんぽぽ・花束の壁面飾り

案・製作／いわいざこまゆ

おかずカップの形を生かして
壁面飾りに!

PRICE
1つあたり
合計 **¥50**

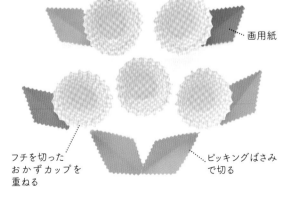

おかずカップ

画用紙

フチを切った
おかずカップを
重ねる

ピッキングばさみ
で切る

🛒 **100均で買うものメモ**

☑ おかずカップ

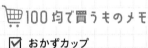

その他の
使うもの | 画用紙、リボン、厚紙

中央の花は、下に
輪にした厚紙を貼る
と立体的に!

PRICE
1つあたり
合計 **¥100**

画用紙の台紙に
おかずカップを
貼る

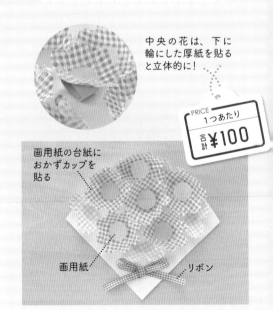

画用紙

リボン

44

コサージュ＆メダル

案・製作／いわいざこまゆ

在園児から卒園児への
プレゼントにしてもぴったりです。

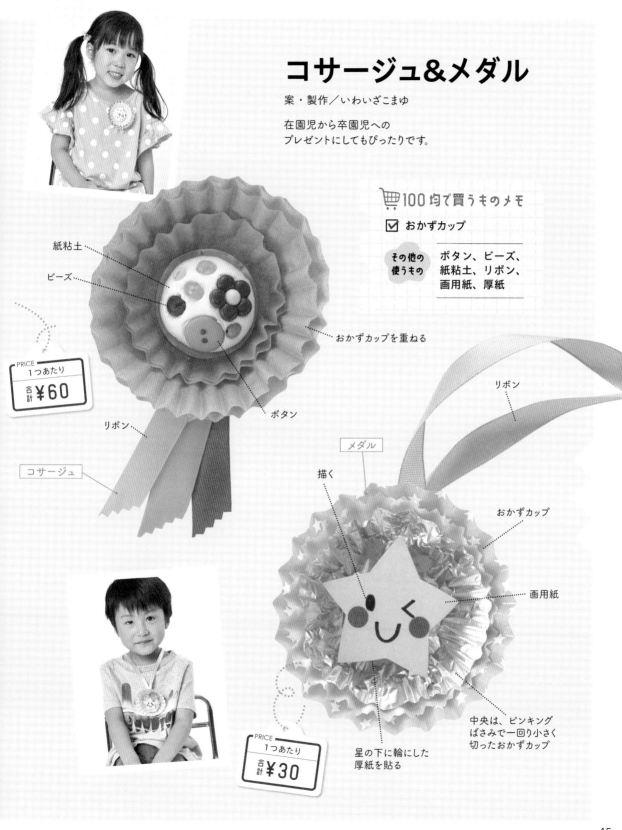

🛒 100均で買うものメモ

☑ おかずカップ

その他の使うもの	ボタン、ビーズ、紙粘土、リボン、画用紙、厚紙

紙粘土

ビーズ

おかずカップを重ねる

リボン

PRICE
1つあたり
合計 ¥60

ボタン

リボン

コサージュ

リボン

メダル

描く

おかずカップ

画用紙

中央は、ピンキングばさみで一回り小さく切ったおかずカップ

星の下に輪にした厚紙を貼る

PRICE
1つあたり
合計 ¥30

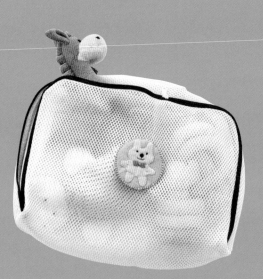

おもちゃや衣装、
収納や便利グッズまで
ぜ〜んぶ100均アイテムで
できちゃうなんて！

まねしたいアイデアがいっぱい！

シーン別

遊べるもの

プレゼント

コスチューム

飾る

コーナーアレンジ

ケース・収納

技あり簡単グッズ

100均アイテム活用術

毎日の保育で
遊べるもの

製作活動やおもちゃなど、
遊びのアイデアが盛りだくさん！

製作

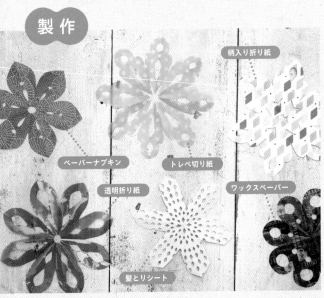

柄入り折り紙

ペーパーナプキン

トレペ切り紙

透明折り紙

ワックスペーパー

髪とりシート

切り紙

案・製作／つかさみほ

開くとどんな形になるかワクワク！

🛒100均で買うものメモ

- ☑ ペーパーナプキン
- ☑ トレペ折り紙
- ☑ 柄入り折り紙
- ☑ 透明折り紙
- ☑ 髪とりシート
- ☑ ワックスペーパー

いろんな素材に
チャレンジ！

スタンプ

案・製作／つかさみほ

絵の具をつけてぺたり！

① 紙ストロー

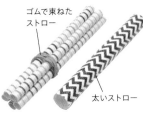

ゴムで束ねた
ストロー

太いストロー

② クッキーの抜き型

③ 魚の目
パッド

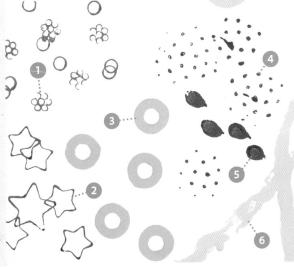

④ イボ付きボール

⑤ ボール

⑥ 指サック

🛒100均で買うものメモ

- ☑ 紙ストロー
- ☑ クッキーの抜き型
- ☑ 魚の目パッド　☑ ボール
- ☑ イボ付きボール　☑ 指サック

その他の
使うもの　画用紙

こすりだし

案・製作／つかさみほ

いろいろな形を写し取ろう。

① レーザーカット紙

② ジョイントマット

③ レースマット

① ② ③ ④ ⑤ ⑥

④ 大きなスパンコール
⑤ プラスチックのかご

⑥ ④+⑤の組み合わせ

🛒 100均で買うものメモ

- ☑ レーザーカット紙
- ☑ ジョイントマット
- ☑ レースマット
- ☑ 大きなスパンコール
- ☑ プラスチックのかご

その他の使うもの　コピー用紙

柄入り折り紙　ワックスペーパー　カラー輪ゴム　カーリングリボン　パーティーモール　ペーパーナプキン

コラージュ

案・製作／つかさみほ

組み合わせを楽しみましょう。

意外な組み合わせがかわいい！

🛒 100均で買うものメモ

- ☑ 柄入り折り紙
- ☑ ワックスペーパー
- ☑ カーリングリボン
- ☑ パーティーモール
- ☑ カラー輪ゴム
- ☑ ペーパーナプキン

その他の使うもの　画用紙

ミニかごひも通し

案・製作／山下味希恵

綿ロープや毛糸など、子どもが扱いやすいひもを用意し、かごの周囲を飾るように自由にひも通し！ 繰り返して遊べます。

かご

PRICE
1つあたり
合計 ¥220

先端にビニールテープを巻く

ひもや毛糸

模様を作っても楽しい！

ひもはそのままかごの中へお片づけ

🛒 100均で買うものメモ

☑ かご ☑ ひも類

その他の使うもの ビニールテープ

ままごとシート

案・製作／宮地明子

リビングにキッチン、子ども部屋など、すてきな部屋で人形遊びやままごとができちゃう！ 畳んでしまえるのもポイント。

🛒 100均で買うものメモ

☑ アイロンマット
☑ カラー布クラフトテープ

畳むとコンパクト♪

PRICE
1つあたり
合計 ¥220

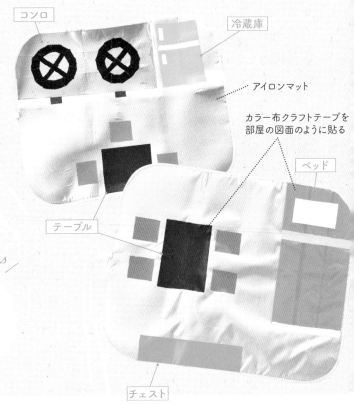

コンロ

冷蔵庫

アイロンマット

カラー布クラフトテープを部屋の図面のように貼る

ベッド

テーブル

チェスト

フードストッカーの
玉落とし

案・製作／尾田芳子

> ピンポン玉や
> スーパーボールを
> 入れて遊べます

背の高いフードストッカーと
穴を開けたPPシートで玉落としに！

🛒 100均で買うものメモ

- ☑ フードストッカー
- ☑ PPシート
- ☑ ピンポン玉やスーパーボール

その他の使うもの マスキングテープ、シール

フードストッカー

スーパーボール

穴を開けたPPシート

シールやマスキングテープで飾る

PRICE
1つあたり
合計 ¥230

ふかふか人形

案・製作／山下味希恵

体を洗うスポンジで作る、手触り抜群の人形です。スポンジシートやリボンなどを利用して個性的なキャラクターに！

🛒 100均で買うものメモ

- ☑ ボディースポンジ
- ☑ スポンジシート ☑ リボン
- ☑ ボンテン ☑ フェルト

その他の使うもの ひも、ゼムクリップ

ゼムクリップとひもでつり下げる

スポンジシート

フェルト

リボン

ボディースポンジ

ボンテン

> 後ろ姿もかわいい♪

PRICE
1つあたり
合計 ¥110

画用紙

紙コップ

ボンテン

描く

紙コップ

PRICE
1つあたり
合計 ¥20

紙&プラカップで
入れ替え人形

案・製作／町田里美

体のコップに顔のコップを重ねるだけ。
着せ替えや顔替えの組み合わせで遊び
が何通りにも広がります。

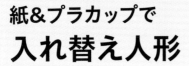

後ろ姿もかわいい♪

100均で買うものメモ

☑ 紙コップ　　☑ プラカップ
☑ ボンテン　　☑ 丸シール

その他の
使うもの　画用紙、ひも、
丸シール

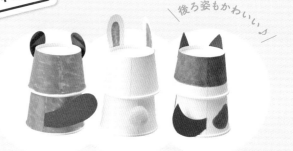

バリエーション

アレンジして
ひなまつりなどの
行事製作にも
使えそう！

ひも

画用紙

紙コップ

プラカップ

丸シール

すてきな服でしょ？

一緒に
行こう♪

お散歩ヤドカリ

案・製作／おおしだいちこ

紙皿のヤドカリを引っ張って、
一緒にお散歩しよう！

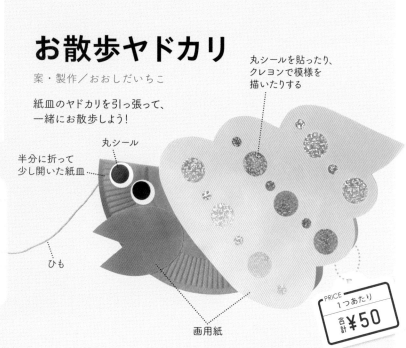

丸シールを貼ったり、
クレヨンで模様を
描いたりする

丸シール

半分に折って
少し開いた紙皿

ひも

画用紙

PRICE
1つあたり
合計 ¥50

100均で買うものメモ

- ☑ 紙皿　　☑ 丸シール
- ☑ ひも

その他の
使うもの　画用紙

くっつきボール

案・製作／おおしだいちこ

磁石の力でくっつくボール。
つなげたり、魚つりをして遊ぼう！

100均で買うものメモ

- ☑ プラスチックボール
- ☑ 丸シール　　☑ 強力マグネット
- ☑ ゼムクリップ　☑ ひも

その他の
使うもの　ストロー、
　　　　　ビニールテープ

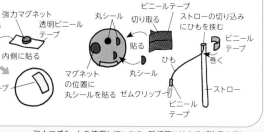

作り方　〈くっつきボール〉

カッターで
切り込みを入れる
強力マグネット
透明ビニール
テープ

内側に貼る

透明ビニールテープ
でふさぐ

〈魚つり〉

丸シール
貼り合わせた
ビニールテープ
切り取る
ストローの切り込み
にひもを挟む
ビニール
テープ
貼る
巻く
マグネット
の位置に
丸シールを貼る
丸シール
ひも
ゼムクリップ
ビニール
テープ
ストロー

強力マグネットを使用しています。破損等には十分ご注意ください。

バリエーション

見て、
見て！

魚つり！

くっつき
ボール

PRICE
セットで
合計 ¥160

カラーゴムで
ネットの口を縛り、
リボンを結ぶ

カラーゴムに
綿ロープを通して
壁にかける

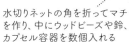

PRICE セットで
合計 ¥380

触って リンリン袋

案・製作／いわいざこまゆ

いろんな音がする！

水切りネットの角を折ってマチ
を作り、中にウッドビーズや鈴、
カプセル容器を数個入れる

リンリン音が鳴るよ！

🛒 100均で買うものメモ

- ☑ キッチン用水切りネット
- ☑ 綿ロープ ☑ ウッドビーズ ☑ 鈴

その他の
使うもの　カプセル容器、
　　　　　リボン、カラーゴム

ジャラジャラ積み木

案・製作／おおしだいちこ

中のビーズがジャラジャラ鳴る、
キレイで楽しい積み木です。

ジャラジャラ♪

アクセサリー
ケース

ビーズや
チェーンリングを
入れる

キレイ！

🛒 100均で買うものメモ

- ☑ アクセサリーケース
- ☑ ビーズ
- ☑ チェーンリング

その他の
使うもの　ビニールテープ

ビニール
テープを巻く

PRICE 1つあたり
合計 ¥50

楽しい!

パン!

シャーン!

ドラムセット

案・製作／いわいざこまゆ

気分は有名ドラマー!

PRICE
セットで
合計 ¥1,200

🛒 100均で買うものメモ

- ☑ プラスチックのかご
- ☑ 園芸用のブリキバケツ
- ☑ アルミ製のケーキの型
- ☑ OPP テープ
- ☑ ギフトボックス
- ☑ 綿ロープ
- ☑ 鈴

その他の使うもの ペットボトル、発泡トレー、空き箱、透明フードパック、マスキングテープ、キラキラしたモール、柄入り折り紙、プラスチックのスプーン、カラー工作用紙、画用紙

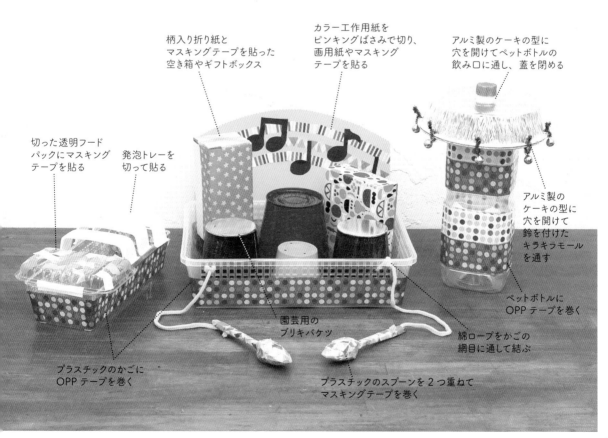

柄入り折り紙とマスキングテープを貼った空き箱やギフトボックス

カラー工作用紙をピンキングばさみで切り、画用紙やマスキングテープを貼る

アルミ製のケーキの型に穴を開けてペットボトルの飲み口に通し、蓋を閉める

切った透明フードパックにマスキングテープを貼る

発泡トレーを切って貼る

アルミ製のケーキの型に穴を開けて鈴を付けたキラキラモールを通す

ペットボトルにOPP テープを巻く

園芸用のブリキバケツ

綿ロープをかごの網目に通して結ぶ

プラスチックのかごにOPP テープを巻く

プラスチックのスプーンを2つ重ねてマスキングテープを巻く

プレゼント

特別な日に

誕生日や卒園などの贈り物にも、
100均アイテムは大活躍！

🛒 100均で買うものメモ

- ☑ アルミシート
- ☑ 3D折り紙
- ☑ リボン
- ☑ レインボーリボン

その他の使うもの 画用紙

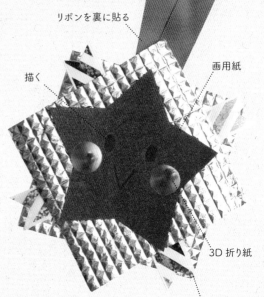

リボンを裏に貼る

画用紙

描く

3D折り紙

PRICE 1つあたり
合計 ¥80

運動会メダル

案・製作／いわいざこまゆ

正方形に切った
アルミシート2枚で
レインボーリボンを挟む

サンクスボトル

案・製作／いわいざこまゆ

PRICE 1つあたり
合計 ¥130

リボン

ウォーターボトルの
ふたや側面に
マスキングテープを
貼る

子どもの写真や
折り紙の作品、
メッセージカードを
入れる

いつも
ありがとう！

まち付きの
クリアーパック

🛒 100均で買うものメモ

- ☑ ウォーターボトル
- ☑ 3D折り紙
- ☑ キラキラした折り紙
- ☑ まち付きのクリアーパック

その他の使うもの マスキングテープ、
子どもの写真、リボン

ケーキの ポップアップカード

案・製作／ RanaTura. 上田有規子

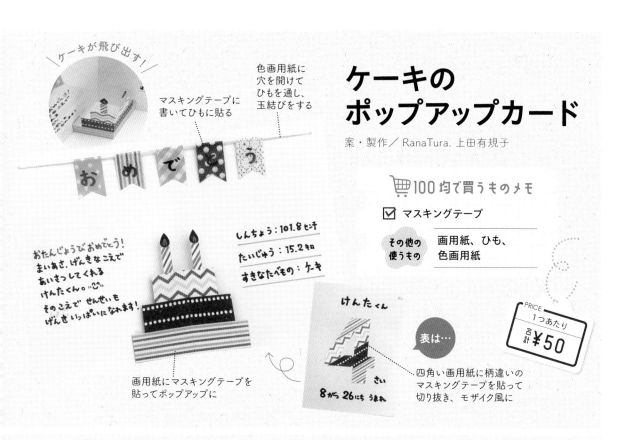

ケーキが飛び出す！

マスキングテープに書いてひもに貼る

色画用紙に穴を開けてひもを通し、玉結びをする

おたんじょうびおめでとう！
まいあさ、げんきなこえで
あいさつしてくれる
けんたくん。´･･`
そのこえで せんせいも
げんき いっぱいに なります！

しんちょう：101.8センチ
たいじゅう：15.2キロ
すきなたべもの：ケーキ

けんたくん
さい
8から 26にち うまれ

表は…

画用紙にマスキングテープを貼ってポップアップに

四角い画用紙に柄違いのマスキングテープを貼って切り抜き、モザイク風に

🛒 100均で買うものメモ

☑ マスキングテープ

その他の使うもの　画用紙、ひも、色画用紙

PRICE
1つあたり
合計 ¥50

フラワーブーケのカード

案・製作／ RanaTura. 上田有規子

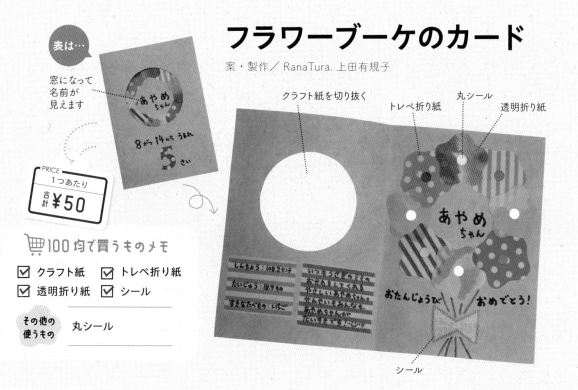

表は…

窓になって名前が見えます

あやめちゃん
8から 14にち うまれ
5 さい

PRICE
1つあたり
合計 ¥50

クラフト紙を切り抜く

トレペ折り紙

丸シール

透明折り紙

あやめちゃん

しんちょう：108.2センチ
たいじゅう：18.9キロ
すきなたべもの：いちご

おたんじょうび　おめでとう！

シール

🛒 100均で買うものメモ

☑ クラフト紙　　☑ トレペ折り紙
☑ 透明折り紙　　☑ シール

その他の使うもの　丸シール

< scene 3 >

ごっこ遊びや発表会に
コスチューム

ごっこ遊びや劇遊びのコスチュームが、
100均アイテムで作れちゃう!

ヒーローの冠

案・製作／町田里美

PRICE
1つあたり
合計 ¥150

カラー工作用紙

ヘアバンド

キラキラした
折り紙

🛒100均で買うものメモ

☑ ヘアバンド

その他の
使うもの　　カラー工作用紙、
　　　　　　キラキラした折り紙

キュートなカチューシャ

案・製作／町田里美

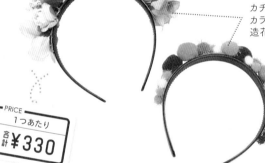

🛒100均で買うものメモ

☑ カチューシャ　☑ 造花
☑ ボンテン

その他の
使うもの　　カラー工作用紙

カチューシャに
カラー工作用紙を貼り、
造花やボンテンを貼る

PRICE
1つあたり
合計 ¥330

PRICE
1つあたり
合計 ¥220

素敵でしょ?

リボンを穴に通して結ぶ

スカート
案・製作／町田里美

🛒 100均で買うものメモ

☑ カフェカーテン

その他の
使うもの　リボン、ゴムひも

マント
案・製作／町田里美

リボンを通す

長さの違うカフェカーテン2枚を重ねて
輪にし、穴にゴムひもを通す

バンダナの上部を
折って貼り、
ひも通し口を作る

🛒 100均で買うものメモ

☑ バンダナ

その他の
使うもの　リボン

ヒーローの服
案・製作／町田里美

Tシャツ

🛒 100均で買うものメモ

☑ Tシャツ

その他の
使うもの　不織布、
キラキラした折り紙

不織布

エプロン
案・製作／町田里美

ハンカチの上部を
折って貼り、
ひも通し口を作る

キラキラした
折り紙

リボンを通す

Have a good day

🛒 100均で買うものメモ

☑ ハンカチ

その他の
使うもの　リボン

宇宙の子

案・製作／いわいざこまゆ

アルミシートは
しなやかさも張りもあって、
コスチュームにしやすい素材です。
キラキラ感が子どもたちに人気！

かっこいい
でしょ！

アルミシート

PRICE 2着分
合計 ¥1760

着てみたいな

カラー手袋

🛒 100均で買うものメモ

- ☑ アルミシート
- ☑ カチューシャ
- ☑ キラキラしたモール
- ☑ キラキラしたテープ
- ☑ モール　　☑ 透明折り紙
- ☑ OPPテープ　☑ カラー手袋
- ☑ 面ファスナー　☑ 平ゴム

その他の
使うもの
カラー工作用紙、
カラー布クラフトテープ、
輪ゴム

作り方　〈ケープとスカート〉

アルミシートを切る
面ファスナーを貼る
（重なる部分にも貼る）
アルミシートを
二つ折りにして、
切り取る
透明折り紙を貼る
キラキラした
モールを束ね、
中央をカラー布
クラフトテープで
留める
42cm
60cm
切り取る
キラキラしたモールを貼る

〈カチューシャ〉
モールを
カチューシャに
巻きつける
アルミシートを
星形に切って、
モールを挟んで貼る
キラキラした
テープを貼る
カチューシャ

〈帽子〉
アルミシートを切る
半分に折り、
両脇を折って
袋状にして
留める
裏
平ゴムを
つける
前面はOPPテープ
などで飾る
少し折って留める

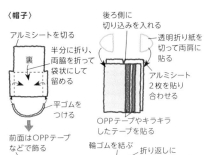
後ろ側に
切り込みを入れる
透明折り紙を
切って両肩に貼る
アルミシート
2枚を貼り
合わせる
OPPテープやキラキラ
したテープを貼る
輪ゴムを結ぶ
折り返しに
輪ゴムを引っ掛けて
ホッチキスで留める
カラー
工作用紙
キラキラしたテープ

おしゃれ
しっぽの黒猫

案・製作／いわいざこまゆ

リボンを巻いた
尻尾がキュート！

🛒100均で買うものメモ
☑ カラーポリ袋 ☑ カラー工作用紙

その他の
使うもの　画用紙、カラー布クラフトテープ、
輪ゴム、ビニール袋、丸シール

PRICE
1着あたり
合計 ¥660

腕輪もかわいい！

ミニカボチャ付き！

わくわく！

ジャック・オ・ランタン

案・製作／いわいざこまゆ

クラフトテープで、かわいいストライプ柄に！

🛒100均で買うものメモ
☑ カラーポリ袋 ☑ リボン

その他の
使うもの　画用紙、カラー工作用紙、
輪ゴム、不織布

作り方

〈帽子〉
画用紙
折る
貼る → 画用紙 → 描く
-----谷折り
⬚切り取る
切り込みを入れる

〈腕輪〉
不織布
描く
内側に
貼る
カラー
工作用紙
折って輪ゴムを
挟み留める

カラー
ポリ袋
リボン
画用紙
画用紙
束ねる
貼る
巻いて棒状にした
カラーポリ袋
リボン

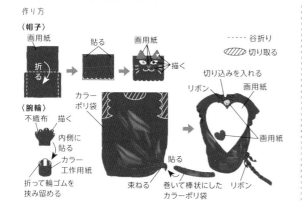

作り方

カラーポリ袋
画用紙
貼る
切り込みを入れる
画用紙
貼る
カラーポリ袋で包む
丸めたビニール袋
丸シール
貼る
カラー工作用紙
画用紙
カラー布クラフトテープ
折って輪ゴムを
挟み留める
⬚切り取る

〈腕輪〉

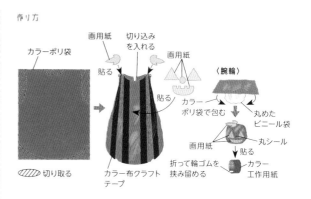

コスチューム

妖精さん

案・製作／いわいざこまゆ

ケープの模様は、
子どもが自由に描いてもすてきです。

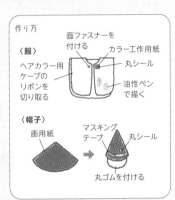

作り方
〈服〉
面ファスナーを付ける
カラー工作用紙
ヘアカラー用ケープのリボンを切り取る
丸シール
油性ペンで描く

〈帽子〉
画用紙
マスキングテープ
丸シール
丸ゴムを付ける

ヘアカラー用ケープ

カラー手袋

🛒 100均で買うものメモ

- ☑ ヘアカラー用ケープ
- ☑ カラー手袋　　☑ 丸シール
- ☑ マスキングテープ
- ☑ 面ファスナー　☑ 丸ゴム

その他の使うもの：カラー工作用紙、画用紙

🛒 100均で買うものメモ

- ☑ 食器棚シート
- ☑ カラーポリ袋
- ☑ 平ゴム
- ☑ リボン

レースのワンピース

案・製作／いわいざこまゆ

食器棚シートはレース柄のものが多く、
すてきにデコレーションしてくれます。

食器棚シート

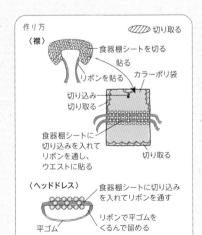

作り方　　　　　🟦 切り取る
〈襟〉
食器棚シートを切る
貼る
リボンを貼る
カラーポリ袋
切り込み
切り取る
食器棚シートに切り込みを入れてリボンを通し、ウエストに貼る
切り取る

〈ヘッドドレス〉
食器棚シートに切り込みを入れてリボンを通す
リボンで平ゴムをくるんで留める
平ゴム

PRICE
1着あたり
合計 ¥440

民族風

案・製作／おおしだいちこ

不織布の袋を切るだけ！
コスチューム作りが初めてでも失敗なし。

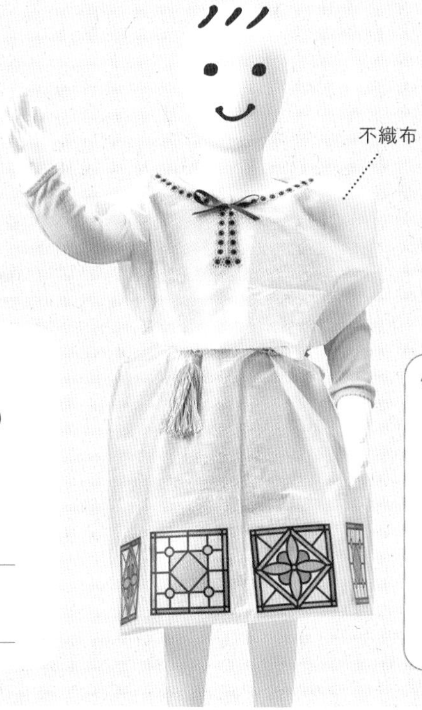
不織布

100均で買うものメモ

- ☑ ラッピング用の袋（不織布）
- ☑ ジュエリーシール
- ☑ カーテンタッセル
- ☑ ステンドグラス風シート

その他の使うもの　リボン、ヘアゴム

作り方

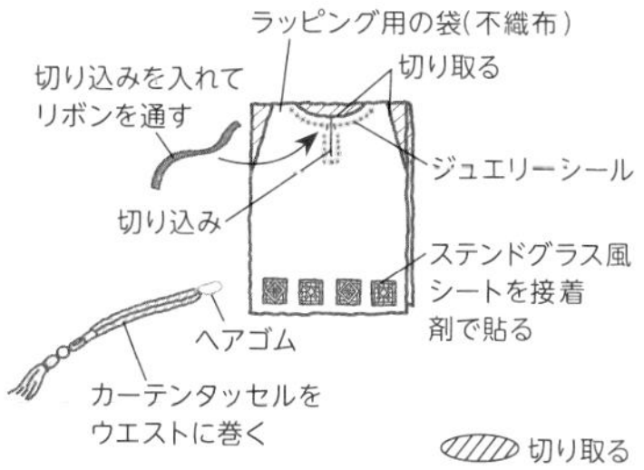
ラッピング用の袋（不織布）
切り込みを入れてリボンを通す
切り取る
ジュエリーシール
切り込み
ステンドグラス風シートを接着剤で貼る
ヘアゴム
カーテンタッセルをウエストに巻く
切り取る

カントリー風

案・製作／おおしだいちこ

あっという間にできあがり！
カラフルな色の組み合わせが楽しめます。

100均で買うものメモ

- ☑ バンダナ
- ☑ カフェカーテン
- ☑ 平ゴム

PRICE
1着あたり
合計 ¥440

作り方

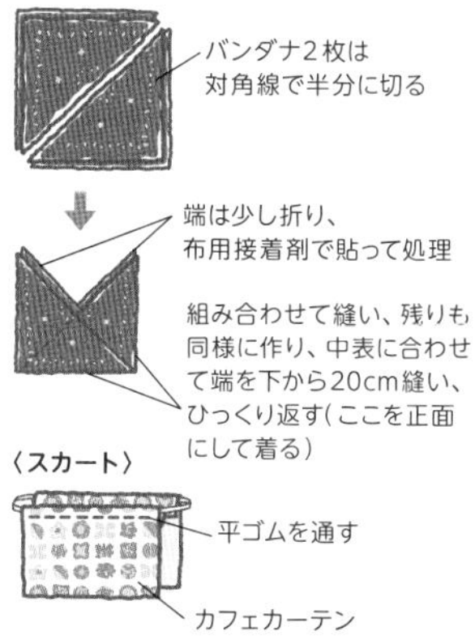
バンダナ2枚は対角線で半分に切る
端は少し折り、布用接着剤で貼って処理
組み合わせて縫い、残りも同様に作り、中表に合わせて端を下から20cm縫い、ひっくり返す（ここを正面にして着る）
〈スカート〉
平ゴムを通す
カフェカーテン

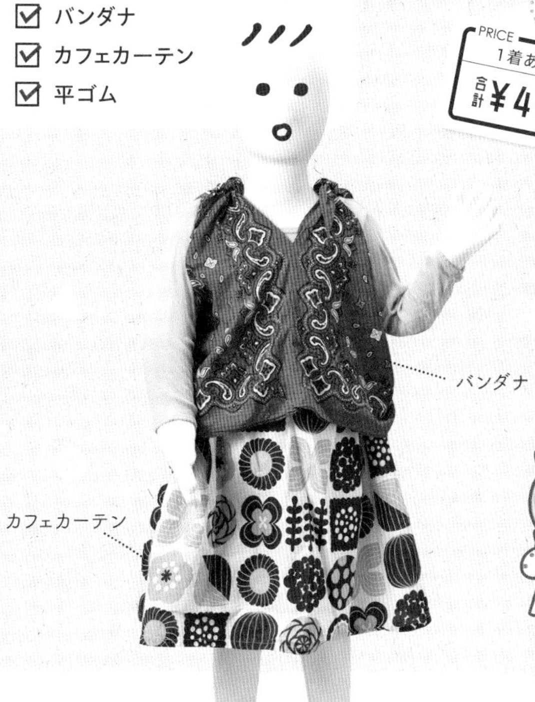
バンダナ
カフェカーテン

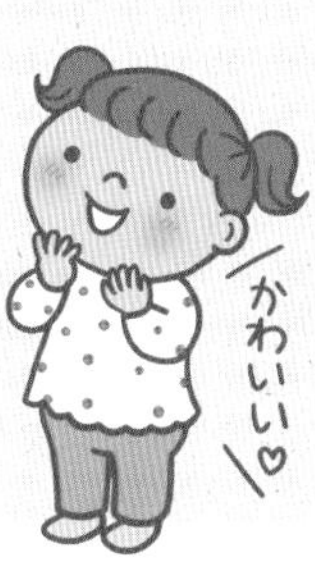
かわいい♡

作ったもの、大切なものを

飾る

100均グッズで手軽に展示を楽しみましょう！

作品力アップの
ネームタグ

案・製作／いわいざこまゆ

おしゃれなペーパータグを
ストックしておいて、作品にかけたり、
クリップで留めたりと気軽に使ってみましょう。

コミュニケーションの
きっかけになる「飾る」

子どもが作ったものや見つけたものなどを保育室に飾りましょう。子どもと保護者はもちろん、他のクラスの子、保育者と保護者、保育者同士の関わりのきっかけ作りにもなります。

バリエーション

りん

まこと

ネームタグを
添えるだけで、
おしゃれな雰囲気！

🛒 100均で買うものメモ

☑ ペーパータグ

その他の
使うもの 紙皿

おかずカップの
小さな物博物館
案・製作／いわいざこまゆ

空き箱とおかずカップを利用して、
日々の活動で見つけた小さなものを飾ります。
綿を敷くと展示物らしさがアップ！

🛒 **100均で買うものメモ**

☑ おかずカップ

その他の
使うもの   綿

たこ足ピンチの
つり下げ展示
案・製作／いわいざこまゆ

製作物を名前入りの袋に入れ、
ピンチに下げて飾ると、きょうの保育が一目瞭然。
説明カードも付けるとさらに〇。

🛒 **100均で買うものメモ**

☑ たこ足ピンチ   ☑ モール
☑ OPP袋   ☑ 画用紙

ぼくが
作ったんだよ！

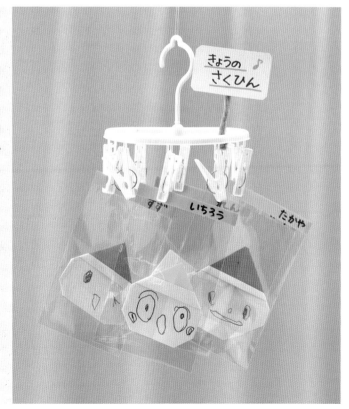

飾る

食器棚シートの
おしゃれ展示

案・製作／町田里美

飾る場所や作品数に合わせて
シートをカットし、絵をさし込める
ように切り込みを入れます
（縁を切ると華やかに）。

🛒 100均で買うものメモ

☑ 食器棚シート

その他の
使うもの　画用紙

切り込み

画用紙

食器棚シート

型紙

〈花〉　　〈ひよこ〉

貼ってはがせる
フィルムフック

ラミネートした
子どもの作品

ひも

フィルムフックの
窓飾り

案・製作／おおしだいちこ

子どもの作品を月ごとにテーマを決めて飾るなど、
いつでもつけ替え可能な空間作りのアイデアです。

🛒 100均で買うものメモ

☑ 貼ってはがせるフィルムフック

その他の
使うもの　　ひも、
　　　　　　ラミネート

クリアファイルで
華やか額縁飾り

案・製作／尾田芳子

子どもが作る場合はさまざまな色の
ファイルやテープを用意しておきましょう。

🛒 100均で買うものメモ

☑ クリアファイル（色つき）

その他の
使うもの　　ひも、フック、
　　　　　　マスキングテープ、
　　　　　　シール

穴を開けて
ひもを通す

フック

クリアファイルの
角を丸く切り
窓を切り抜く

マスキングテープ

シール

作品を挟み
周囲を留める

< scene 5 >

雰囲気づくりに
コーナーアレンジ

子どもたちの遊びコーナーを、
100均アイテムでイメージチェンジ
してみませんか？

森の絵本コーナー

案・製作／おおしだいちこ

壁にマスキングテープで木を貼ったり、
フェイクグリーンをあしらったりして、
森の中のような雰囲気をつくりましょう。

🛒 100均で買うものメモ

- ☑ フラッグガーランド
- ☑ マスキングテープ
- ☑ グリーンガーランド
- ☑ ダイカットのメモ帳
- ☑ ジョイントマット
- ☑ ホワイトボード
- ☑ 芝生シート
- ☑ 芝生マット
- ☑ プッシュピン

その他の使うもの	片段ボール、綿ロープ

PRICE
全部で
合計 ¥2,300

壁に2か所プッシュピンをさし、
片段ボールのボールを載せる

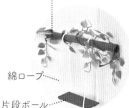

綿ロープ

片段ボール

きょうの
えほん

ホワイトボードに
芝生シートを貼るだけ

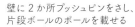

フラッグガーランド

グリーンガーランド

ホワイトボード　芝生シート

芝生マット

ラムセス
ぼく

マスキングテープ

ジョイントマットを
円形に切る

宇宙の
ブロックコーナー

案・製作／おおしだいちこ

星形のシールや、キラキラするグッズを
貼るのが宇宙っぽさを出すこつ。

🛒100均で買うものメモ

- ☑ キラキラしたモール
- ☑ 蓄光ステッカー
- ☑ 蓄光立体ステッカー
- ☑ 園芸用風車
- ☑ ガスコンロ用汚れ防止シート
- ☑ キラキラしたカーテン

その他の
使うもの　空き箱

園芸用風車

キラキラしたモール

蓄光ステッカー

蓄光立体
ステッカー

キラキラした
カーテン

空き箱などにガスコンロ用
汚れ防止シートを貼る

PRICE
全部で
合計 ¥1,400

絵本のおうち風
ままごとコーナー

案・製作／おおしだいちこ

絵本に出てくるかわいいおうちをイメージ。まま
ごと遊びに、ますます夢中になれそうです。

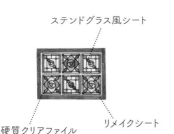

ステンドグラス風シート

硬質クリアファイル

リメイクシート

PRICE
全部で
合計 ¥1,500

🛒100均で買うものメモ

- ☑ 硬質クリアファイル
- ☑ ステンドグラス風シート
- ☑ リメイクシート
- ☑ ジョイントマット
- ☑ クッション

その他の
使うもの　段ボール箱

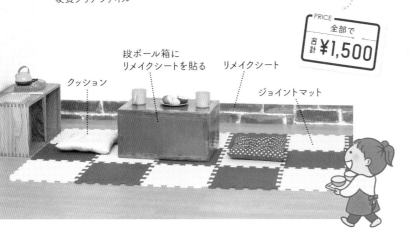

クッション

段ボール箱に
リメイクシートを貼る

リメイクシート

ジョイントマット

すっきり片づく ケース・収納

保育室が整い、
彩りある空間になるような、
お役立ちアイデアを紹介します。

パンダ型 おもちゃ入れ

案・製作／町田里美

子どもたちの好きなキャラクターを
イメージして作れば、片づけ意欲も UP！

🛒 100均で買うものメモ

☑ ダストボックス　　☑ 画用紙
☑ 洗濯かご　　　　　☑ 丸シール

画用紙

洗濯かご

丸シール

ダストボックス

たくさん入る！

PRICE
1つあたり
合計 ¥600

片づけが
楽しくなりそう！

バリエーション

材料を変えても
作れる！

画用紙

植木鉢

丸シール

植木鉢

洗濯ネットの
布おもちゃ収納
案・製作／宮地明子

布系グッズ専用の収納バッグ。
そのまま洗濯できるので、布おもちゃや
人形の洋服などを入れておくとGOOD！

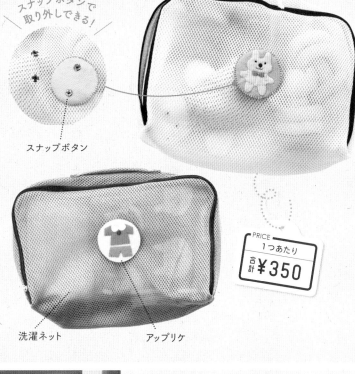

スナップボタンで
取り外しできる！

スナップボタン

🛒100均で買うものメモ

☑ 洗濯ネット（バッグ型）
☑ スナップボタン

その他の
使うもの　アップリケ

PRICE
1つあたり
合計 ¥350

洗濯ネット　　　アップリケ

パズル収納
案・製作／宮地明子

分散しがちなパズルのピースも、
これでもう大丈夫。
L字型のファスナーケースなら
出し入れも簡単。
立てて収納も可能です。

ビニールケース

PRICE
1つあたり
合計 ¥160

ネームホルダーに
パズルの絵柄を入れる

🛒100均で買うものメモ

☑ ビニールケース
　（B4 L字型ファスナーマチの
　ないタイプ）
☑ ネームホルダー

その他の
使うもの　パズルの絵柄

布バッグの
ティッシュケース

案・製作／いわいざこまゆ

ゴミ箱付きのティッシュケース。
つり下げられるのもポイント。

🛒100均で買うものメモ

☑ 布バッグ　☑ 綿テープ

その他の
使うもの　ビニール袋

PRICE
1つあたり
合計 ¥150

ビニール袋を
入れる（ゴミ箱になる）

ティッシュボックスの
形に合わせて
布バッグにマチを作り、
底に切り込みを入れる

ティッシュ
ボックスを
逆さに入れる

切り込みに
綿テープを貼る

THE easy BEAR

THERE IS A BEAR SLEEPING
WHILE READING A BOOK.

サコッシュ風
ティッシュケース

案・製作／おおしだいちこ
お散歩にぴったり！

斜めがけ
できる！

🛒100均で買うものメモ

☑ ビニール製のポーチ　☑ 布クラフトテープ
☑ バンドクリップ　☑ 綿テープ

その他の
使うもの　ウェットシートの蓋、
丸シール

PRICE
1つあたり
合計 ¥350

作り方

ビニール製のポーチ

切り取る

ウェットシートの蓋

貼る

同じポーチを重ねる

布クラフトテープで
貼り合わせる

綿テープ

結びつける

バンドクリップで
挟んで留める

丸シール
を貼る

携帯折り紙ケース

案・製作／いわいざこまゆ

持ち運びできる折り紙ケースです。

🛒 100均で買うものメモ

☑ クリアファイル
☑ 太めのカラー平ゴム

その他の使うもの マスキングテープ、細めのリボン

種類、大きさごとに、分けて収納できる！

作り方

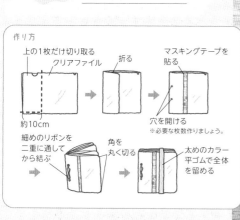

上の1枚だけ切り取る
クリアファイル
折る
マスキングテープを貼る
穴を開ける
※必要な枚数作りましょう。
約10cm
細めのリボンを二重に通してから結ぶ
角を丸く切る
太めのカラー平ゴムで全体を留める

PRICE 1つあたり
合計 ¥250

色別・折り紙収納

案・製作／尾田芳子

色が混ざってしまいがちな折り紙の収納にぴったり。

🛒 100均で買うものメモ

☑ プラスチックケース　☑ クリアファイル

その他の使うもの 色をイメージしたマーク、マスキングテープ、ビニールテープ

色をイメージしたマークを付ける

クリアファイルを切る

クリアファイルをテープで留めポケット状にする

ビニールテープやマスキングテープで飾る

PRICE セットで
合計 ¥350

パパッと作れる

技あり簡単グッズ

保育中にすぐに役立つ、
100均製作を紹介します。

キッチンミトンの
パクパクくん

案・製作／山下味希恵

活動の切り替えにパッと取り外して使いましょう。

ボンテンを貼る

キッチンミトン

PRICE
1つあたり
合計 ¥130

フェルトや
スポンジシート

🛒 100均で買うものメモ

- ☑ キッチンミトン
- ☑ ボンテン
- ☑ フェルト
- ☑ スポンジシート

ぼくのお話
聞いてー

足指ピローの
ぬいぐるみ
案・製作／いわいざこまゆ

タオル地のピローは手触りがよく、
洗える素材なのも GOOD！

PRICE
1つあたり
合計 ¥180

足指ピロー

🛒 100均で買うものメモ

☑ 足指ピロー

その他の 使うもの	フェルト、 綿ロープ

フェルトで作った
動物の顔を付ける

綿ロープ

毛糸のポンポンを
縫い付ける

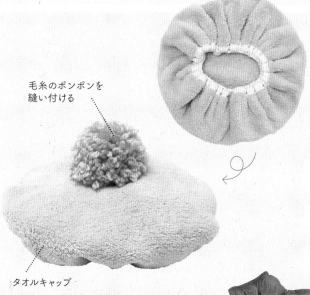

タオルキャップ

タオルキャップの
ベレー帽

案・製作／おおしだいちこ

かわいいベレー帽がすぐにできちゃう！

🛒 100均で買うものメモ

☑ タオルキャップ

その他の 使うもの	毛糸

PRICE
1つあたり
合計 ¥120

アームカバーの
人形のスカート
案・製作／おおしだいちこ

両端にゴムが入っているので、作るのが簡単！

🛒 100均で買うものメモ

☑ 園芸用アームカバー

アームカバーを
半分に切る

PRICE
1つあたり
合計 ¥50

リボン

バンドクリップ

ポーチ

バンドクリップの
ミニポーチ

案・製作／おおしだいちこ

バンドクリップ（ベルトの付いたクリップ）を
使って直接洋服に留めたり、
リボンをつけてサコッシュ風にしたり。

🛒 100均で買うものメモ

- ☑ バンドクリップ
- ☑ ポーチ
- ☑ リボン
- ☑ 手拭い

PRICE
1つあたり
合計 ¥250

バンドクリップ

手ぬぐいを
袋状に縫う

洗濯ネットに
綿テープを2本貼る

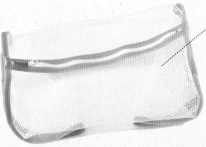

洗濯ネットの
お砂場ポーチ

案・製作／おおしだいちこ

砂場グッズが、そのまま洗えて便利！

🛒 100均で買うものメモ

- ☑ 円柱型の洗濯ネット
- ☑ 綿テープ

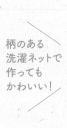

柄のある
洗濯ネットで
作っても
かわいい！

PRICE
1つあたり
合計 ¥220

椅子脚カバーの
お手玉

案・製作／いわいざこまゆ

意外と手間がかかる手作りお手玉も、
これならラクラク!

PRICE
1つあたり
合計 ¥30

🛒100均で買うものメモ

☑ 椅子脚カバー

その他の 使うもの	大豆

椅子脚カバーに
大豆を入れて、
口を縫う

わたしにも
作れそう!

キューブ木材の
メモスタンド

案・製作／尾田芳子

「きょうやることメモ」などを表示する
スタンド。キューブ木材にアクリル絵
の具などを塗ってもかわいい!

絵本棚のチェック
忘れずに

空き箱5つ
用意すること

キューブ木材に
穴を開け
接着剤を付けて
針金を差し込む

デコシール

🛒100均で買うものメモ

☑ キューブ木材　　☑ デコシール
☑ 針金

PRICE
1つあたり
合計 ¥250

スポンジスタンプ

案・製作／おおしだいちこ

スポンジ類はスタンプ遊びに大活躍。
いろいろなタイプのスポンジを使ってみましょう。

🛒 100均で買うものメモ

- ☑ 柄付きのスポンジ
- ☑ おばけの形のスポンジ

その他の
使うもの　画用紙

PRICE
1つあたり
合計 ¥110

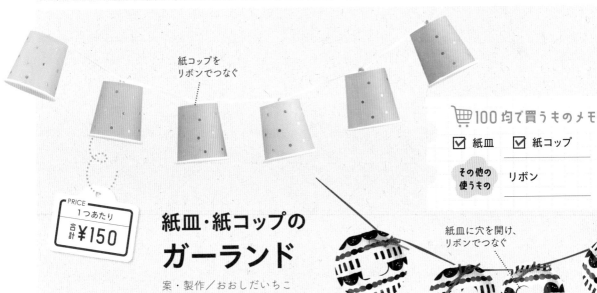

紙コップを
リボンでつなぐ

🛒 100均で買うものメモ

- ☑ 紙皿　☑ 紙コップ

その他の
使うもの　リボン

PRICE
1つあたり
合計 ¥150

紙皿・紙コップの
ガーランド

案・製作／おおしだいちこ

リボンでつなぐだけで
おしゃれなガーランドができる！

紙皿に穴を開け、
リボンでつなぐ

PRICE
1つあたり
合計 ¥150

テーブルクロス

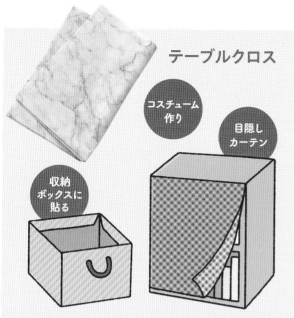

コスチューム
作り

目隠し
カーテン

収納
ボックスに
貼る

固定観念を捨てれば、目隠しカーテンにもなるし、段ボール箱に貼って収納ボックスにも変身するテーブルクロス。普通の布地より安価なので、コスチューム作りにも役立ちます。

案／おおしだいちこ

お弁当用バンド

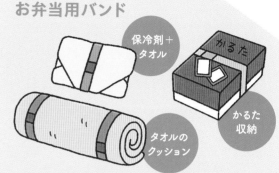

保冷剤＋
タオル

かるた
収納

タオルの
クッション

幅が広くてしっかり固定できるので、さまざまな場面で役立ちます。散らばりやすいかるたの箱、保冷剤を布で包むとき、タオルを巻いてクッションにするときなどにおすすめです。

案／おおしだいちこ

エプロン

フェルトで
ポケットを
作る

即席
シアター

フェルトなどでポケットを作り、指人形、マスコット、ハンカチなどをセットして、保育室にスタンバイ（カフェエプロンでもOK）。即席のシアターで、いつでもお楽しみタイムに！

案／いわいざこまゆ

子ども用インソール

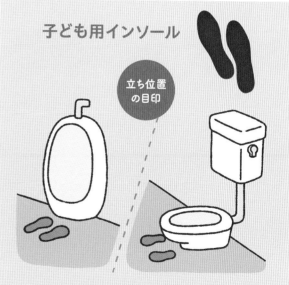

立ち位置
の目印

トイレでの立ち位置、座る位置に両面テープなどで貼りましょう（床材に合ったテープを選びます）。キャラクターなど、かわいい絵柄の物を選ぶとトイレの中も明るい印象になります。

案／町田里美

案・製作（50 音順）

いわいざこまゆ、おおしだいちこ、尾田芳子、つかさみほ、町田里美、
宮地明子、メイプル、山下味希恵、RanaTura. 上田有規子

STAFF

カバー、本文デザイン	坂野由香、石橋奈巳（株式会社リナリマ）
モデル	雪乃美愛（ラディウスエンターテイメント）
キッズモデル	有限会社クレヨン
マンガ	すぎやまえみこ
本文イラスト	石崎伸子、内田コーイチロウ、おおしだいちこ
作り方イラスト	おおしだいちこ、八十田美也子、わたいしおり
撮影	小山志摩、林 均、矢部ひとみ
型紙トレース	奏クリエイト
本文校正	有限会社くすのき舎
編集	田島美穂
協力	国立あおいとり保育園

みんなだいすき！
100均アイテム活用BOOK in保育

2024 年 2 月　初版第 1 刷発行

編者	ポット編集部　©CHILD HONSHA Co.,Ltd.2024
発行人	大橋 潤
編集人	竹久美紀
発行所	株式会社チャイルド本社
	〒 112-8512　東京都文京区小石川 5-24-21
電話	03-3813-2141（営業）　03-3813-9445（編集）
振替	00100-4-38410
印刷	共同印刷株式会社

ISBN978-4-8054-0325-9　C2037
NDC376　19 × 24cm　80P　Printed in Japan

チャイルド本社の
ウェブサイト

https://www.childbook.co.jp/

チャイルドブックや
保育図書の情報が盛りだくさん。
どうぞご利用ください。